МАРКЕТИНГ-МИКС

Освоить 4 принципа маркетинга

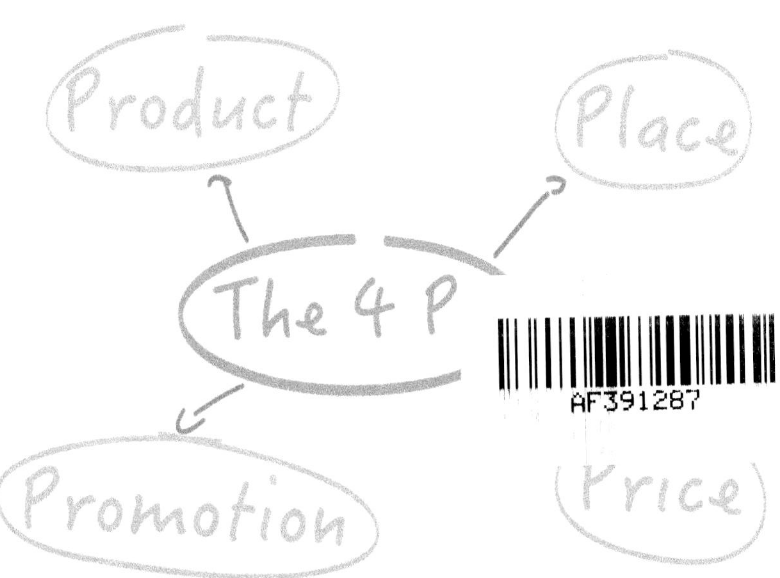

МАРКЕТИНГ-МИКС

Освоить 4 принципа маркетинга

написанный Morgane Kubicki
в переводе Nastia Abramov

50MINUTES.com

МАРКЕТИНГ-МИКС

КЛЮЧЕВАЯ ИНФОРМАЦИЯ

- **Наименования:** маркетинг-микс, маркетинг-микс, политика маркетинг-микса.

- **Использование:** маркетинг-микс является основным инструментом для принятия маркетинговых решений.

- **Почему она успешна?** Модель обобщает все инструменты, доступные маркетологам для принятия решений.

- **Ключевые слова:** продукт, цена, место, продвижение, целевой рынок.

ВВЕДЕНИЕ

История

Термин "маркетинг-микс" впервые появился в статье "Концепция маркетинг-микса" (1948), написанной теоретиком Нилом Х. Борденом (1895-1980), профессором маркетинга и рекламы в Гарвардской школе бизнеса. Сам он говорил, что его вдохновили исследования Джеймса В. Куллитона (1912-2004), который описал роль менеджеров по маркетингу как "смешивателей ингредиентов" и предложил на этом этапе список из двенадцати элементов промышленного маркетинг-микса. В 1960 году профессор Джером Маккарти (родился в 1928 году) развил теорию

Бордена и сохранил четыре основных положения, а именно 4 П (товар, цена, место и продвижение) в своей книге *"Основы маркетинга: A Managerial Approach.* Мнемоническая особенность этого подхода способствовала его успеху, и он широко используется маркетологами. Маркетинг-микс и 4 П маркетинга часто используются для выражения одной и той же идеи, хотя на самом деле они не являются синонимами. Маркетинг-микс — это концепция, которая описывает шаги и выбор, которые компании или бренды должны сделать в процессе выхода на рынок с товаром или услугой; в то время как модель 4 Ps, вероятно, является наиболее известным способом определения маркетинг-микса.

Определение модели

Маркетинг-микс — это концепция маркетинга, которая включает все инструменты, доступные маркетологам для разработки эффективных действий и достижения целей по проникновению продаж на целевом рынке.

ТЕОРИЯ

ЦЕЛИ МОДЕЛИ

Маркетинг-микс включает в себя все маркетинговые решения и действия, предпринимаемые для обеспечения успеха товара, услуги или бренда на своем рынке.

Первый решающий шаг в процессе маркетинга: анализ рынка. Как только это сделано, модель 4 Ps может быть использована в качестве хорошего инструмента принятия решений для маркетологов. На самом деле, помимо того, что модель охватывает все элементы, на которых могут сосредоточиться маркетологи, она проста в использовании. Ее характерное название также, несомненно, способствовало ее успеху. Эта система классификации является одной из самых используемых в маркетинг-миксе, как в учебниках, так и в реальной жизни.

В более широком смысле модель маркетинг-микса может быть использована для принятия решений в контексте нового предложения на рынке, а также для тестирования существующей маркетинговой стратегии.

КОНТЕКСТ И ТЕОРЕТИКИ

Маркетинг-микс появился в то время, когда наблюдался значительный рост потребления. Во время послевоенного бума (период бурного экономического роста между окончанием Второй мировой войны и первым нефтяным кризисом, наблюдавшийся в большинстве развитых стран в 1946-1973 годах) произошел взрыв массового потребления. До этого времени маркетинг использовался просто для понимания предпочтений и поведения потребителя; с появлением маркетинг-микса появилась возможность получить общее представление о размещении конкретного товара на рынке. Хотя эта теория приписывается Маккарти, который выделил 4 П, на самом деле он был вдохновлен списком, составленным Нилом Борденом в "Концепции маркетинг-микса". Сам профессор также признается, что на него повлияли исследования его партнера, Джеймса Куллитона, который описал роль менеджеров по маркетингу и "смешивателей ингредиентов". Позже Филип Котлер (родился в 1931 году), отец современного маркетинга, взял концепцию 4 Ps и предложил обновленную версию в своей самой известной книге *"Управление маркетингом"* (в сотрудничестве с Кевином Деллером, Дельфиной Мансо и Бернаром Дюбуа).

Авторы не все согласны с природой элементов маркетинг-микса. Нил Борден говорил о "процедурах", но сегодня предпочтение отдается терминам "параметры", "инструменты" или "приборы".

Первоначальный список Нила Бордена содержал 12 элементов маркетинг-микса, которые должны быть приняты во внимание маркетологом:

* продукт

* цена

* брендинг

- каналы распределения

- личные продажи (лицом к лицу)

- реклама

- акции

- упаковка

- отображает

- обслуживание

- физическое обращение

- установление и анализ фактов.

Между тем, Маккарти предлагает сгруппировать эти переменные в четыре категории, или четыре рычага действия:

- продукт

- цена

- место

- продвижение.

В действительности эти списки, состоящие из двенадцати или четырех элементов, включают в себя все доступные компании инструменты влияния на продажи. Тем не менее, эта теория не имеет конкретных доказательств и в любом случае не обеспечивает 100% эффективности при принятии решений. Качество реализуемой маркетинговой стратегии заключается в уместности и согласованности четырех элементов, составляющих теорию маркетинг-микс. В некотором смысле это можно сформулировать следующим образом: правильный продукт, в правильном месте, по правильной цене, в правильное время. Для этого необходимо:

- создать продукт или услугу, которые нужны определенной группе людей;

- продавайте его в месте, регулярно посещаемом этими людьми;

- продавать ее по цене, соответствующей ожиданиям покупателей;

- сделать ее доступной, когда она нужна этим клиентам.

Такой подход вполне уместен, однако не следует забывать о значительном объеме работы, необходимом для сбора всех необходимых данных, таких как потребности, ожидания и поведение клиентов. Еще необходимо определить, как производить товар или услугу, по какой цене и когда ее следует продавать, чтобы оптимизировать продажи. Эта идея требует детального знания целевого рынка, что также необходимо. Здесь в игру вступает анализ рынка.

КОМПОНЕНТЫ МОДЕЛИ

Товарная политика

Продукт" — это предложение, которое удовлетворяет потребность на рынке. Другими словами, продукт может быть физическим объектом или услугой, представленной на рынке для удовлетворения желания или потребности после покупки и использования или потребления. Таким образом, товарная политика относится к выбору характеристик для товаров или услуг, предлагаемых компанией, другими словами, характера, качества, размера, дизайна и т.д. Она также может включать решения о бренде, упаковке, этикетке или ассортименте продукции.

Политика ценообразования

Цена – это сумма денег, которую потребитель должен потратить, чтобы приобрести продукт. Политика ценообразования включает в себя концепции:

- фиксированная цена, т.е. цена, предлагаемая в магазинах

- скидки

- условия оплаты

- условия возврата

- условия кредитования.

Речь идет о процессе установления цены на продукт или фиксации цен в определенном диапазоне. Политика ценообразования не является фиксированной и может меняться в зависимости от рекламных акций или в соответствии с жизненным циклом продукта. Она должна учитывать ряд ограничений и переменных, как среди производителей, так и среди потребителей: себестоимость, имидж продукта, затраты на распространение, эластичность цены (т.е. влияние изменения цены на потребительский спрос), условия конкуренции (монополия, олигополия, конкуренция и т.д.).

Политика распределения

П "место" соответствует политике распределения.

Она включает в себя:

- каналы распределения

- распределительные сети

- ассортимент

- места

- наличие

- транспорт

- логистика.

Компания обязана создать и поддерживать сеть распределения, а также выбрать точки продаж (собственные магазины или дистрибьюторов), которые будут отвечать за представление продукта, обеспечение его наличия на полке, проведение рекламных акций или консультирование покупателей.

Коммуникационная политика

Четвертая "П", "продвижение", включает в себя коммуникацию.

Коммуникационная политика в основном включает в себя:

- реклама

- прямой маркетинг или маркетинг в местах продаж

- связи с общественностью

- спонсорство.

Парадоксально, но это может в какой-то степени повлиять на цену (например, премии, купоны или специальные предложения с ограниченным временем действия), но это остается актом коммуникации, а не ценовой политикой.

Взаимозависимость этих политик

Маркетинговая команда должна обеспечить, чтобы эти решения принимались с учетом интересов посредников по сбыту и конечных потребителей, а менеджер по маркетингу отвечает за понимание потребностей и ожиданий потребителей и предоставление предложения или решения. Он информирует покупателей и выбирает цену, соответствующую воспринимаемой ими ценности продукта. Затем он должен определить торговые точки, в которых будет распространяться продукт.

Для четырех политик каждое решение должно приниматься с учетом целевых потребителей и позиционирования, которое выбрала компания. Кроме того, необходимо учитывать и другие области, так как если эти решения принимаются по отдельности, они не представляют интереса. На самом деле, сила маркетинг-микса заключается в объединении всех элементов, доступных маркетологам.

Взаимосвязь между ценой и продуктом является существенной, но не самой важной. Все элементы маркетинг-микса оказывают влияние на другие. Например, при ценообразовании необходимо учитывать множество переменных, включая другие "П", то есть бренд, дистрибуцию и коммуникационную сеть. Продвижение или распределение также могут повлиять на цену продажи. В 1979 году Пол

Фаррис и Дэвид Рейбштейн изучили взаимосвязи между переменными, чтобы определить их влияние. Таким образом, бренд стандартного качества, имеющий сильную рекламную поддержку, может легко повысить цену на свою продукцию. Распределение также оказывает фундаментальное влияние на ценовую политику. Например, компания не может установить свои цены, не зная, будет ли продукт распространяться непосредственно брендом или через посредника, которым может быть мелкий реселлер или крупный розничный торговец. Этот выбор оказывает косвенное влияние на затраты на дистрибуцию, которые являются основной переменной ценовой политики. Одним словом, эти переменные взаимозависимы.

ОГРАНИЧЕНИЯ И РАСШИРЕНИЯ

ОГРАНИЧЕНИЯ И КРИТИКА

Эффективное управление маркетинг-миксом создаст ценность компании в глазах ее клиентов. Поэтому самым необходимым условием является знание цели и определение позиционирования бренда на рынке. Стратегическое планирование заключается в управлении всеми этими данными с помощью элементов маркетинг-микса. Создание модели с использованием принципов этой теории недостаточно, если еще не было проведено исследование целевого рынка.

Большинство критиков этой модели ссылаются на 4 П, а не на сам маркетинг-микс. Маркетинг-микс, в широком определении, состоит из "операционных маркетинговых инструментов", которые позволяют компаниям нацеливаться на свой рынок и достигать ожидаемых выгод (Kotler et al, 2009: 29). На самом деле трудно критиковать сам маркетинг-микс; чаще критика направлена на способ подхода к нему.

Авторы, критикующие 4 Ps, обычно предлагают усовершенствовать эту систему классификации. Луи Мишель Шевалье и Пьер Дюбуа в своей книге о маркетинге выдвинули идею о том, что 4 Ps не отражают бренд продукта, который является связующим звеном между политикой продукта и коммуникационной политикой. Однако в модели, представленной Маккарти и позже перенятой Котлером, название бренда является частью товарной политики. Мишель Шевалье и Пьер Луи Дюбуа также утверждают, что, хотя маркетинг-микс должен учитывать 4 П одновременно, различные рассматриваемые политики почти никогда не управляются одним и тем же человеком. Фактически, модель маркетинг-микса представлена как единое целое, что предполагает, что все решения принимает один человек или команда. Однако ее компоненты часто принадлежат разным секторам компании. Так, продуктовая политика может исходить от генерального директора или инновационных служб, в то время как коммуникационной политикой занимается служба коммуникаций.

Наконец, мы должны осознавать, что маркетинг-микс – это лишь общий инструмент, помогающий принимать решения. Если рассмотреть детали каждой политики, то можно обнаружить другие, более специфические концепции, которые необходимо освоить. Например, ценовая политика требует более глубокого знания таких понятий, как коэффициент возврата или воспринимаемая ценность.

СМЕЖНЫЕ МОДЕЛИ

7 П

Чтобы компенсировать недостатки модели "4 П", некоторые авторы рекомендуют добавлять новые компоненты. Наиболее известной из таких моделей является модель 7 Ps (1981) Бернарда Х. Бумса и Мэри Джо Битнер, которая дополняет 4 Ps, определенные Маккарти, добавляя людей, процесс и вещественные доказательства.

- Люди", в понимании 7 П, представляют собой не клиентов компании, а персонал, реализующий маркетинговые стратегии. Их влияние важно, поскольку они контактируют с потенциальными клиентами. Репутация и имидж компании находятся в их руках и видны их глазами. Люди" – один из немногих элементов маркетинг-микса, с которым клиенты могут взаимодействовать.

- Процесс" относится к тому, как маркетолог обеспечивает эффективное и надлежащее обслуживание клиентов. Это может включать обслуживание клиентов, консультации, часы работы или даже доставку на дом. Это способ формирования лояльности к бренду.

- Вещественные доказательства" означают физические компоненты магазина, такие как витрины или организация полок, для материальных товаров.

Мы можем критиковать концептуальный вклад этих трех дополнительных П, поскольку идеи, которые они представляют, могут быть включены в первоначальные 4 П МакКарти. "Процесс", в самом широком смысле, связан с концепцией продукта. 'Люди' в основном связаны с продуктом и продвижением. 'Физические доказательства', по крайней мере частично, понимаются под продвижением.

С

Предлагаются и другие варианты Ps:

- Филип Котлер в книге *“Принципы маркетинга”* (1986) предлагает добавить “политическую власть” и “общественное мнение”;

- Клаудио Виньяли и Б. Дж. Дэвис в книге “Маркетинг-микс переосмыслен и отображен: Introducing the MIXMAP Model” (1994), предлагают добавить “S” для “услуг”.

Сектора, добавленные к базовой модели, также часто позволяют улучшить маркетинг-микс в сфере услуг. Согласно учению, это также относится к “позиционированию”, “упаковке”, “участию” или “персонализации”, которые в основном появляются в технике web 2.0 и маркетинга 2.0.

4 С

Параллельная модель 4 П, названная 4 С, также возникла для устранения одного из основных критических замечаний в адрес модели Маккарти, а именно предвзятого отношения к маркетологу в ущерб покупателю. Роберт Ф. Лаутерборн создал 4 С на основе 4 П и представил эту концепцию в книге *“Новая литания маркетинга”: Four Ps Passé, C-Words Take Over* (1990): они больше сосредоточены на клиенте, чем на продукте. Эта модель имеет смысл, если учесть, что целью маркетинга является удовлетворение потребностей клиентов.

4 С – это:

- Потребитель: товарная политика становится решением, предлагаемым потребителю. Мы должны предложить потребителям то, что они действительно ищут, а для этого изучить их покупательское поведение.

- Стоимость: ценовая политика – это стоимость для потребителя. В действительности цена – это лишь часть стоимости, которую готов заплатить покупатель. Себестоимость включает в себя цену покупки, а также затраты на приобретение, использование и отказ от продукта и стоимость аксессуаров к продукту.

- Коммуникация: сейчас речь идет о чистой коммуникации, которая в большей степени направлена на сотрудничество и стремится к созданию диалога между компанией и потенциальным клиентом. Цель состоит в том, чтобы общение исходило не только от компании, но и от контактов с клиентами.

- Удобство: вместо того, чтобы разрабатывать стратегии распределения, маркетолог ставит себя на место покупателя, чтобы понять, каковы возможности доступа, позволяющие ему приобрести продукт. С появлением и успехом Интернета учет этого элемента становится все более важным.

ПРАКТИЧЕСКОЕ ПРИМЕНЕНИЕ

СОВЕТЫ И РЕКОМЕНДАЦИИ

Маркетинг-микс может помочь в принятии решений в рамках нового предложения на рынке или тестирования существующего предложения. Само собой разумеется, что сначала необходимо определить объект для анализа, будь то, например, продукт, услуга или бренд.

Прежде чем строить или анализировать маркетинговую стратегию, основанную на 4 П или смежной модели, компания должна определить свой целевой рынок. Для этого она должна провести исследование рынка, которое позволит ей лучше понять ожидания потребителей и позиционировать себя соответствующим образом.

Кроме того, необходимо провести внутренний и внешний анализ компании для определения сегментации рынка (разделение рынка на однородные группы потребителей на основе их потребностей, характеристик или поведения).

Затем компания отслеживает один или несколько сегментов рынка и выбирает маркетинговую цель (выбранные сегменты в соответствии со стратегическим интересом, который они представляют для компании).

После того как цель установлена, можно определить ее позиционирование, то есть разместить свой продукт среди конкурентов.

Обратите внимание, что потребители занимают центральное место в маркетинговом подходе. Именно по этой причине модель 4 Cs часто предпочитают модели 4 Ps, даже если переменные здесь просто рассматриваются под другим углом.

Чтобы определить стратегию маркетинг-микса, компания должна ответить на ряд вопросов по каждому компоненту модели.

Определите атрибуты продукта/услуги

Первым шагом является определение атрибутов продукта или услуги. Для этого мы должны задать следующие вопросы:

- Что потребитель ожидает от продукта или услуги?

- Какие атрибуты продукта необходимы для удовлетворения этих ожиданий?

- Как и в каком контексте клиент будет использовать продукт?

- Как выглядит продукт? Этот вопрос включает в себя внешний вид самого продукта, а также его упаковки.

- Какое название и брендинг следует дать продукту?

- Чем продукция отличается от продукции конкурентов?

- Какова максимальная себестоимость, чтобы его продажа оставалась прибыльной?

На этом первом этапе вопросы, касающиеся продукта, аналогичны тем, которые необходимо задать при рассмотрении ценовой политики.

Определите политику ценообразования

Цена может быть установлена в соответствии с затратами или воспринимаемой ценностью продукта. Какой бы подход ни был выбран, он должен быть способен ответить на следующие вопросы:

- Какова ценность продукта для потребителя?

- Есть ли у этого продукта базовая цена? Где он находится по сравнению с конкурентами?

- Обладает ли продукт большой ценовой эластичностью? Можно ли снизить цены для увеличения доли рынка? С другой стороны, приведет ли повышение цены к увеличению прибыли?

Определите средства коммуникации

Что касается коммуникации, то это не просто вопрос выбора подхода. Инструменты, доступные маркетологам, настолько многочисленны, что за поиск наилучшего способа достижения целевой аудитории после ее определения часто отвечает специальный отдел, занимающийся коммуникациями. Очень важно знать целевую аудиторию и желаемую реакцию до разработки стратегии, чтобы выбрать подходящие средства коммуникации. Основная часть расходов на коммуникации приходится на рекламу. Она может включать в себя кампании с использованием:

- пресса (общая или специализированная)
- отображает
- TV
- радио
- кинотеатр
- интернет-коммуникации.

Помните, даже если стимулирование сбыта связано с ценовой политикой (образцы, премии, конкурсы, купоны и т.д.), оно все равно является действием коммуникационной политики.

Мы можем дополнить предыдущий список другими инструментами, такими как:

- связи с общественностью
- прямой и интерактивный маркетинг (с использованием персонализации и интерактивности)
- вирусный маркетинг (часто практикуется в интернете)
- продажа (которая предполагает межличностный обмен между брендом и клиентом).

Также полезно задать следующие вопросы:

- Каковы наиболее эффективные способы охвата целевой аудитории?

- Когда лучше всего начинать продвижение? Является ли рынок, на котором я работаю, сезонным?

- Какие коммуникационные мероприятия используют конкуренты? Влияют ли они на выбор действий?

Определите места распространения

Для "места" стратегия распределения должна быть определена в соответствии с другими компонентами маркетинг-микса. Выбранное заранее позиционирование продукта/услуги неизбежно влияет на решение о способе распределения.

Продвижение" и "место" также взаимодействуют, если компания выбирает в своей политике распределения стратегию проталкивания (основанную на торговых силах и распределительной сети) или стратегию притяжения (основанную на коммуникации с потребителем и, в частности, рекламе).

ПОЛЕЗНО ЗНАТЬ: СТРАТЕГИИ ПРОТАЛКИВАНИЯ И ОТТАЛКИВАНИЯ

Стратегия распределения "push" направлена на то, чтобы донести продукт до покупателя. Компания использует свой торговый персонал и свою политику распределения, чтобы побудить покупателя выбрать ее продукт. Импульсная покупка является хорошим примером этого.

С другой стороны, стратегия притяжения предполагает привлечение покупателей к продукту. При этом обычно используются коммуникации и реклама, чтобы побудить покупателя захотеть приобрести продукт.

Сам продукт также будет влиять на выбор: это обычная или особенная покупка? Является ли он товаром или предметом роскоши? Все переменные, определенные ранее, принимаются во внимание, поскольку они сами находятся под влиянием политики распределения. Например, развитие собственной дистрибьюторской сети будет влиять на цену и коммуникацию. Тем не менее, маркетолог должен быть в состоянии ответить на ряд вопросов:

- Куда обращаются потенциальные клиенты, чтобы приобрести продукт?

- Будет ли покупателям легче купить этот продукт в обычном магазине, специализированном магазине, через Интернет или даже по почте?

- Легко ли выбранная система распределения доступна для гостей?

- Необходимо ли управлять отделом продаж?

- Что делают конкуренты? Как можно адаптировать или дифференцировать модель?

ТЕМАТИЧЕСКИЕ ИССЛЕДОВАНИЯ

В этом тематическом исследовании мы представляем две компании, которые опирались на стратегию маркетинг-микс Маккарти. Первый пример, посвященный немецкой сети магазинов Aldi, взят из книги *"The Times 100, Business Case Studies"* и показывает, как в очень конкурентной отрасли продукт, который не обязательно является инновационным, может преобладать и создавать ценность благодаря эффективной стратегии других элементов маркетинг-микса.

Второй пример взят из беседы между Аленом Аффлелу, Стивеном Глессом и Домиником Лишелем (*L'Entreprise*, октябрь 2006 года) и статьи Баптиза Диболда (2006). Этот анализ проливает свет на мощную маркетинговую стратегию, созданную Аффлелу, который внедряет инновации в каждую область маркетинг-микса.

Aldi – создание ценности с помощью маркетинг-микса

С момента своего основания в 1913 году компания Aldi успела зарекомендовать себя как одна из крупнейших европейских розничных сетей. Ее первоначальной целью было предоставление клиентам продуктов, которые они покупают регулярно, продаваемых под собственным брендом Aldi, по конкурентоспособным ценам. В маркетинговой стратегии этой компании различные элементы маркетинг-микса согласованы между собой. Инновации осуществляются не за счет продукта, а за счет того, как структурированы 4 П, чтобы создать настоящую стратегию маркетинг-микс.

Aldi старается предоставить большой выбор товаров стандартного качества, продаваемых под собственной маркой. Первое "Р" в центре их корпоративной стратегии – это "цена". Для того чтобы предлагать более дешевые товары, чем конкуренты, компания строит свою политику на оптимизации затрат и адаптирует другие "P" политики в соответствии с этой целью.

Продукты покупаются в больших количествах, и мало денег тратится на их оформление (упаковка, бренд и т.д.).

На уровне дистрибуции компания вновь пытается сократить расходы, ограничивая количество стеллажей и дисплеев в торговых точках. Что касается расположения магазинов, то здесь учитываются четыре критерия:

- количество людей, которые посещают или живут в данном районе;

- низкая конкуренция: Aldi обычно находится за пределами городских центров и в местах с хорошей видимостью с главной дороги, с минимальной окружающей конкуренцией;

- доступность магазина, в том числе с помощью общественного транспорта;

- достаточное количество парковочных мест.

Коммуникация компании сосредоточена на удержании клиентов и усиливает сообщение о ценовой и товарной политике: Продукция Aldi имеет то же качество, что и продукция крупных брендов, но стоит дешевле. Таким образом, в магазинах распространяются рекламные брошюры, побуждающие покупателей возвращаться. Помимо СМИ, компания также уделяет внимание связям с общественностью, рассылкам, управлению социальными сетями и акциям, которые выделяют ее продукцию через внешний источник бизнеса. Для этого Aldi участвует во многих ежегодных конкурсах продукции. Победа в этих конкурсах позволяет ей повысить свою известность, а также доверие к ней, поскольку третья, нейтральная сторона назвала их продукцию лучшей.

Aldi имеет детальный подход к продажам, который дает ей преимущество на очень конкурентном рынке. Баланс, достигнутый с помощью маркетинг-микса, позволяет ей предлагать продукцию хорошего качества по минимально возможным ценам. Коммуникационная политика компании позволяет ей улучшать имидж своей продукции, подчеркивая при этом ее цены. Наконец, политика позиционирования позволяет компании не увеличивать расходы на дистрибуцию. Похоже, что не было сделано никаких серьезных инноваций в области цены, продукта, места или продвижения, но баланс между этими четырьмя политиками позволил Aldi найти свое место на рынке.

Afflelou – успех, основанный на инновациях в различных элементах микса

Ален Аффлелу открыл свой первый магазин в 1970 году в Бордо. К 1984 году сеть насчитывала уже почти 100 франшиз. В 2012 году у бренда было 722 магазина по всей Франции и более 1000 в целом. Этот успех обусловлен тем, что бренду удалось внедрить инновации в каждой из областей маркетинг-микса.

- Продукт: Afflelou всегда предлагал инновации в области очков и контактных линз, например, практически неразрушимые очки. Для клиентов старше сорока лет бренд выпустил "Forty", упаковку из четырех очков, позволяющих видеть вблизи. Эти продукты не кажутся революционными, однако бренд первым предложил их.

- Цена: Afflelou был первым брендом, предложившим очки по выгодным ценам, включая акцию "Чин-Чин", предлагающую вторую пару за дополнительные евро. Соотношение цены и продукта уже было бы достаточным, но стратегия полного маркетинг-микса обеспечила компании действительно доминирующее положение на рынке.

- Место: бренд также ввел инновации в области дистрибуции. Фактически, у него есть собственная сеть дистрибуции, но его магазины также были первыми, где были установлены рамочные дисплеи с открытым доступом.

- Продвижение (коммуникация): бренд выделяет значительную часть своего бюджета на отдел, отвечающий за продвижение – который, безусловно, является одним из крупнейших в секторе – и использует спонсорство (партнер Открытого чемпионата Франции по теннису и футбольного клуба "Пари Сен-Жермен").

Компания Afflelou разработала инновационную стратегию в каждом элементе маркетинг-микса, обеспечивая при этом согласованность между ними.

Заключение

Случаи Aldi и Afflelou очень разные. Для Aldi успех стратегии зависит от согласованности между четырьмя политиками. В случае Afflelou успех приходит благодаря инновациям в каждой области маркетинг-микса. Помимо того, что маркетинг-микс предоставляет компании инструменты для достижения ее целей, эта модель также заставляет маркетологов задуматься о своей маркетинговой стратегии в целом.

РЕЗЮМЕ

- Маркетинг-микс предоставляет маркетологу набор инструментов, которые позволят ему принимать решения в отношении определенного рынка.

- Цель: маркетинг-микс используется для вывода нового продукта на рынок или для тестирования существующей маркетинговой стратегии.

- 4 Ps: предложенная Маккарти в 1960 году, эта модель включает инструменты маркетинг-микса в четыре категории: продукт, цена, место (распределение) и продвижение (коммуникация).

- Теоретики: Нил Борден ввел концепцию маркетинг-микса (1948), а Маккарти разработал концепцию 4 П (1960).

- Контекст: маркетинг-микс возник в контексте роста массового потребления.

- Компоненты: продукт, цена, место, продвижение.

- Преимущества: маркетинг-микс аккуратно суммирует все инструменты, доступные маркетологам для принятия решений.

- Ограничения: маркетинг-микс — это комплексный подход к маркетинговой стратегии, но при углубленной работе над стратегией необходимо использовать и другие инструменты. Решения, касающиеся различных политик, часто являются результатом работы нескольких людей или служб, что затрудняет поддержание согласованности между 4 P.

- Расширения: часто добавляются три П (люди, процесс и вещественные доказательства), чтобы завершить четыре П модели Маккарти. 4 С (потребитель, стоимость, коммуникация, удобство) – это еще один вариант концепции, в котором больше внимания уделяется потребителю.

- Совет: прежде чем принимать решения, касающиеся 4 Р, компания должна быть уверена, что знает целевой рынок, на котором она хочет позиционировать себя.

БИБЛИОГРАФИЯ

Сайт Алена Аффлелу: http://www.alainafflelou.fr/

Армстронг, Г. и Котлер, П. (2007) *Принципы маркетинга.* [8-е издание]. Париж: Pearson Education.

Бумс, Б. Х. и Битнер, М. Дж. (1981) Маркетинговые стратегии и организационная структура для фирм сферы услуг. В книге Доннелли, Дж. и Джордж, В. Р. *Маркетинг услуг.* Чикаго: Американская ассоциация маркетинга. стр. 47-51.

Борден, Н. Х. (1964) Концепция маркетинг-микса. *Журнал рекламных исследований.*

Бизнес-кейсы. (Без даты) Создание ценности с помощью маркетинг-микса, тематическое исследование Aldi. *The Times 100 Case Studies.* [Online]. [Accessed 22 May 2014]. Available from: < http://businesscasestudies.co.uk/aldi/creating-value-through-the-marketing-mix/introduction.html#axzz4S2tz9DPH>.

Бирн, К. (2004) Управление вашим маркетинг-миксом. *Журнал дипломированных бухгалтеров.*

Шевалье, М. и Дюбуа, П. Л. (2009) *Les 100 mots du marketing.* Париж: PUF.

Demos. (2012) *Le marketing mix ou mix marketing, de la stratégie à l'opérationnel.* Paris: Demos.

Diebold, B. (2006) Afflelou entrevoit la vie sans Alain. *Вызовы*. Том 29.

Фарис, П. и Рейбштейн, Д. (1979) Как связаны цены, расходы и прибыль. *Harvard Business Review*. [выпуск за ноябрь/декабрь]. стр. 173-184.

Котлер, П. (1986) *Принципы маркетинга*. [3-е издание]. Верхний Сэддл Ривер (Нью-Джерси): Prentice Hall.

Котлер, П., Келлер, К., Мансо, Д. и Дюбуа, Б. (2009) *Управление маркетингом.* [13-е издание]. Париж: Pearson Education.

Лаутерборн, Р. Ф. (1990) Новая литания маркетинга: Four Ps Passé, C-Words Take Over. *Advertisng Age*. 61(41).

Маграт, А. Дж. (1986) При маркетинге услуг, 4Ps недостаточно. *Горизонты бизнеса.* 29(3), pp. 45-50.

Maillet, T. (2010) *Le Marketing et son histoire ou le Mythe de Sisyphe réinventé*. Париж: Pocket.

Маккарти, Дж. Э. (1960) *Основы маркетинга: управленческий подход*. Хоумвуд (Иллинойс): R.D. Irwin.

Pariot, Y. (2011) *Les Outils du marketing stratégique et opérationnel*. [2-е издание]. Париж: Eyrolles.

Ван ден Булте, К. и ван Уотерсхоут, В. (1992) Классификация 4 P маркетинг-микса пересмотрена. *Журнал маркетинга*. стр. 83-93.

Мы хотим услышать от вас!

Оставьте комментарий о вашей онлайн-библиотеке

и поделитесь своими любимыми книгами в социальных сетях!

IMPROVE YOUR
GENERAL KNOWLEDGE
IN THE BLINK OF AN EYE!

www.50minutes.com

Издательство гарантирует достоверность опубликованной информации, что, однако, не может повлечь за собой его ответственность.

Мастер ISBN: 9782808601474

Бумажный ISBN: 9782808602921

Легальный депозит: D/2022/12603/293

Цифровое оформление: Primento,
цифровой партнер издателей.

www.ingramcontent.com/pod-product-compliance
Lightning Source LLC
LaVergne TN
LVHW010842200726
843508LV00012B/2715